YO SOY...

(Afirmaciones Positivas Para Niños)

Por Ayesha Rodriguez

 Este libro es para

_____

De

_____

Copyright © 2016 by **Ayesha Rodriguez**

All rights reserved. No part of this publication may be reproduced or transmitted in any form or means electronic or mechanical, including photocopy, recording, or any information storage, and retrieval system without the permission of both publisher and author, except in the case of brief excerpts used in critical articles and reviews. Unauthorized reproduction of any part of this work is illegal and is punishable by law.

Library of Congress Cataloging-in-Publication Data
ISBN: 978-1-7923-2149-8(sc)

Publisher Jaye Squared Youth Empowerment Services, INC.

Website: www.ayesharodriguez.com

Illustration copyright © 2016 by Rina Risnawati

Layout Design by Susan Gulash
Gulash Graphics, Lutz, FL

Dedicación:

Este libro está dedicado a ustedes. ¡Espero que lo disfruten! ¡Son increíbles tal como son!

TABLA DE CONTENINDO

1. Soy Especial.
2. Soy Agradecido.
3. Soy Querido.
4. Soy Saludable.
5. Soy Amable.
6. Soy Inteligente.
7. Soy Importante.
8. Soy Feliz.
9. ¡Me alegro de ser quien soy!
10. Actividad Diaria.
11. Preguntas de Discusion.

Nací para hacer grandes cosas, algunas pequeñas y otras grandes.

Estoy aquí para hacer la diferencia y difundir el amor hacia todas partes.

Soy especial.

Tengo un techo y comida en la mesa que me conceden.

Estoy feliz por la familia que me proporcionan todo lo que pueden.

Soy agradecido.

Hablo de mis problemas cuando me siento deprimido.

¡Hay personas que se preocupan por mí y eso me hace sentir muy querido!

Soy querido.

Como alimentos saludables como frutas y verduras.

Por ello me aseguro de estirar, comer y hacer mis travesuras.

Soy saludable.

Trato a todas las personas como quiero que me traten.

Ser amable y ayudar a los demás es importante como todos saben.

Soy amable.

Hay mucho que aprender cuando estoy en la escuela.

¡Practico mi lectura, matemáticas y ciencias y eso me consuela!

Soy inteligente.

Todos somos diferentes y venimos en muchos colores y tamaños.

Lo **único** que importa es lo que hay dentro de nosotros.

Soy importante.

Amo mi cuerpo y la persona que soy.

Por ello seré lo mejor que pueda y daré todo lo que pueda hoy.

Soy feliz.

Soy Especial.
Soy Agradecido.
Soy Querido.
Soy Saludable.
Soy Amable.
Soy Inteligente.
Soy Importante.
Soy Feliz.

¡Me alegro de ser quien soy!

Actividad Diaria:

Párate en el espejo todos los días y repite todas las oraciones que comienzan con las palabras "Yo soy". ¡Quiero que realmente lo creas, así como yo! Si la gente te dice cosas que no son agradables, ¡sabrás en tu corazón que no es verdad!

Eres increíble y estoy muy orgullosa de ti.

Preguntas de Discusión:

1. ¿Cómo crees que se siente el niño en la silla de ruedas al tener niños jugando con él?
2. ¿Qué significa tener "necesidades especiales"?
3. ¿Cuáles son algunas de las cosas que su familia le brinda?
4. ¿De qué estas agradecido?
5. ¿Con quién hablas cuando te sientes triste?
6. ¿Qué alimentos saludables te gusta comer?
7. ¿Qué ejercicios disfrutas practicar?
8. ¿Cuándo fue la última vez que ayudaste a alguien? ¿Cómo te hizo sentir?
9. ¿Qué te gusta de ti?
10. Menciona algunas cosas en las que te gustaría mejorar. ¿Qué harás para mejorar?
11. ¿Por qué es importante estudiar?
12. Lo **único** que importa es lo que hay dentro de nosotros. ¿Qué significa eso para ti?

¿Hay más afirmaciones que le gustaría agregar?
Escríbalos a lápiz a continuación.

1. Yo Soy_____

2. Yo Soy_____

3. Yo Soy_____

4. Yo Soy_____

5. Yo Soy_____

6. Yo Soy_____

7. Yo Soy_____

8. Yo Soy_____

Sobre la Autora

Ayesha Rodríguez es autora, educadora, oradora y emprendedora. Y lo que es más importante, ella es madre de dos hermosas criaturas. Le apasiona la educación y tiene un impacto positivo en la comunidad.

Aprende más sobre ella en www.ayesharodriguez.com

www.ingramcontent.com/pod-product-compliance
Lightning Source LLC
LaVergne TN
LVHW072113060526
838200LV00061B/4883